AF229185

LES PETITS LIVRES DE M. LE CURÉ,
Bibliothèque du Presbytère, de la Famille et des Écoles.

HISTOIRE
DE
SAINT-FRANÇOIS-DE-SALES,
PAR
F. VALENTIN.

PAUL MELLIER, ÉDITEUR
PLACE SAINT-ANDRÉ-DES-ARTS, 11.

30 centimes broché; 35 centimes cartonné.

LES
PETITS LIVRES DE M. LE CURÉ,

BIBLIOTHÈQUE
du Presbytère, de la Famille et des Écoles.

VIE

DE

SAINT FRANÇOIS DE SALES,

ÉVÊQUE ET PRINCE DE GENÈVE.

1567-1622.

PAR

F. VALENTIN.

PARIS,

PAUL MELLIER, ÉDITEUR,

PLACE SAINT-ANDRÉ-DES-ARTS, 11.

Approbation de Mgr l'Archevêque de Paris.

DENIS-AUGUSTE AFFRE, par la miséricorde divine et la grâce du Saint-Siége Apostolique, Archevêque de Paris.

MM. Plon et Paul Mellier, éditeurs, ayant soumis à notre approbation les ouvrages ci dessous indiqués, faisant partie d'une collection ayant pour titre : LES PETITS LIVRES DE M. LE CURÉ, BIBLIOTHÈQUE DU PRESBYTÈRE, DE LA FAMILLE ET DES ÉCOLES, savoir : *Petite Histoire de Belgique*, tomes 3 et 4 ; *Vie de saint François de Sales*, 1 vol. ; *l'Espiègle d'Anvers*, 1 vol. ; *la Famille du Pêcheur*, 1 vol. ; *Une jeune Fille du Peuple*, 1 vol. ; *le Bon Curé Bénédict*, 1 vol ; *les Histoires de mon oncle Samuel*, 1 vol. ; *le Marchand de Statuettes*, 1 vol. ; *les Papillons et les Enfants*, 1 vol. ; *le Bon Génie*, 1 vol. ; *Annette et Joseph*, 1 vol. ; *Marco Visconti*, 1 vol. ; *l'Orphelin*, 1 vol. ; *le Vrai Trésor*, 1 vol. ; *Histoire des principales Eglises de Paris*, 1 vol.,

Nous les avons fait examiner, et, sur ce rapport qui nous en a été fait, nous avons cru qu'ils pouvaient offrir aux personnes auxquelles ils sont destinés une lecture intéressante et sans danger.

Donné à Paris, sous le seing de notre Vicaire-Général, le sceau de nos armes et le contre-seing de notre Secrétaire, le vingt-deux janvier mil huit cent quarante-cinq.

F. DUPANLOUP, *Vicaire-Général.*

Par-Mandement de Monseigneur
l'Archevêque de Paris :

E. HIRON, *Chanoine honoraire, pro-secrétaire.*

IMPRIMÉ PAR PLON FRÈRES, A PARIS.

VIE

.

DE

SAINT FRANÇOIS DE SALES.

I.

Naissance de François. — Son enfance. — Sa jeunesse.

Parmi le grand nombre de saints personnages que l'Église a adoptés comme ses enfants de prédilection et l'humanité comme ses bienfaiteurs, aucun, certainement, ne fut plus digne de ce double honneur que saint François de Sales. Ame tendre et sublime, née pour la vertu et pour la piété, il fut destiné par la Providence à enseigner l'une et l'autre aux hommes, et il passe à juste titre pour le type de la charité chrétienne prise dans sa plus grande extension. Retracer les diverses phases de cette existence si simple et si pure, c'est donc offrir à la jeunesse un des exemples les plus propres à la détourner des impressions mauvaises. Telle est la conviction qui nous a déterminé à écrire ces pages. Puissions-nous avoir atteint le but que nous nous sommes proposé !

Au milieu des montagnes de la Savoie, à trois lieues de la petite ville d'Annecy, gracieusement assise sur les bords d'un des lacs les plus pittoresques du monde, s'élève un vieux château, connu sous le nom de château de Sales de Thorens, et fondé au moyen âge par les seigneurs dont il porte encore le nom. C'est là que naquit François de Sales, le 21 août 1567. Il fut le premier-né de François, comte de Sales, et de Françoise de Sionnaz, tous deux de sang illustre, mais encore plus recommandables par leurs vertus et leur piété que par leur naissance. Le premier soin de la comtesse, dès qu'elle avait senti battre l'enfant qu'elle portait dans son sein, avait été de l'offrir au Seigneur, en le priant de le préserver de la corruption du siècle. « J'aimerais mieux, disait-elle, être privée du bonheur d'être mère, que de donner le jour à un enfant destiné à devenir l'ennemi de Dieu par le péché. » Dieu se montra touché de sa prière et exauça ses vœux.

Venu au monde à sept mois, François, comme tous les enfants nés avant le terme, passa ses premières années dans les souffrances et le malaise. Ses membres étaient si chétifs, son organisation si frêle, que plus d'une fois on désespéra de le conserver. Mais les soins, les précautions, dont la sollicitude maternelle entoura ce corps débile, finirent par écarter le danger qui le menaçait, et la vie parut s'affermir en lui. A mesure qu'il se développa, on admira la beauté et la régularité de ses traits et cet air d'aisance dans le maintien qu'il conserva toute sa vie. A ces avantages corporels, il joignait les plus aimables dispositions de l'esprit. Son excellent caractère, son intelligence précoce, sa modestie rare, sa douceur sans exemple, sa soumission à ses parents, en faisaient un enfant accompli, aimé et recherché de tout le monde.

L'enfance de François s'écoula douce et tranquille dans le sanctuaire de la famille. Sa tendre mère, non moins attentive à le préserver des atteintes du vice qu'à conserver sa santé, voulait qu'il ne la quittât jamais ; il l'accompagnait partout avec joie et docilité, notamment à l'église, où il apportait un recueillement au-dessus de son âge, et dans ses visites aux pauvres, vers lesquels il se sentait déjà entraîné par un penchant irrésistible. Au retour des excursions qu'ils faisaient ensemble, la comtesse, au lieu de le livrer aux soins mercenaires des domestiques, continuait à veiller sur lui ; et, pour occuper sa jeune imagination, elle lui lisait la **Vie** des saints : cette lecture, entre-mêlée de réflexions à sa portée, fut pour lui un préservatif non moins puissant que le bon exemple de ses parents. Outre l'amour de Dieu et des hommes, elle lui inspira l'amour de la

vérité ; aussi ne lui arriva-t-il jamais de tomber dans une de ces mille petites fautes familières à l'enfance, sans qu'il l'avouât aussitôt, au risque d'être puni : le châtiment était beaucoup moins redoutable pour lui que le mensonge.

Le temps des études classiques arrivé, la

comtesse, craignant pour son fils bien-aimé la fréquentation des écoles, manifesta le désir, pour ne pas se séparer de lui, de le faire instruire sous ses yeux par des maîtres particuliers. Mais le comte, qui appréciait toute l'influence de l'émulation sur les progrès de l'enfance, eut la force, malgré toute sa condescendance aux volontés de son épouse, de résister à ce désir. Le jeune François, n'ayant encore que sept ans, fut donc envoyé au collége d'Annecy. C'est là que commencèrent à briller ses facultés intellectuelles. Il se fit remarquer dès le début par son application, l'excellence de sa mémoire, la vivacité de sa conception et la solidité de son jugement. L'adolescent ne démentit pas les hautes espérances qu'avaient fait concevoir les heureuses dispositions de l'enfant. A onze ans, il était déjà versé dans le latin et le grec ; mais ce qu'il y avait de plus admirable en lui, c'est que l'étude des lettres humaines ne lui faisait pas négliger ses devoirs religieux. Chez lui, l'amour de Dieu marchait de pair avec l'amour de la science. Son temps était partagé de telle sorte qu'après la lecture des auteurs profanes destinés à orner son esprit, venait celle des livres saints, dont il nourrissait son cœur.

Des progrès si rapides firent comprendre au

comte de Sales que son fils perdrait désormais son temps au collége d'Annecy, et qu'il lui fallait un établissement plus important pour achever ses études. C'est dans ce but qu'il se décida à l'envoyer à Paris où la nouvelle organisation de François Ier avait depuis quelques années donné à l'enseignement universitaire une forte impulsion. Cette décision fut un coup terrible porté à la tendresse de son épouse. Mais force fut à l'excellente mère de se résigner. Avant de se séparer du fils qu'elle ne devait pas revoir de plusieurs années, elle redoubla de zèle pour l'affermir dans la vertu ; elle craignait tellement pour lui, que lorsqu'il vint prendre congé d'elle elle crut devoir, même au milieu de leurs embrassements, lui recommander une dernière fois de fuir le péché, en lui répétant les belles paroles adressées autrefois par la reine Blanche à saint Louis : « Sachez, mon fils, que j'aimerais mieux vous voir mort, que d'apprendre que vous eussiez commis un seul péché mortel. » Le jeune comte ne partit pas seul : un prêtre instruit et vertueux fut chargé de l'accompagner et de veiller sur lui.

François arriva à Paris en 1578, c'est-à-dire dans sa onzième année : il fit sa rhétorique et sa philosophie au collége des Jésuites de la rue

Saint-Jacques (aujourd'hui collége Louis-le-Grand). Il apprit ensuite le grec et l'hébreu sous Génébrard, bénédictin, qui fut depuis archevêque d'Aix, et la philosophie scolastique sous le P. Juan Maldonato, alors en grande réputation. Fuyant le tumulte et les plaisirs, François ne fut pas moins exact à remplir ses devoirs envers Dieu, qu'il ne l'avait été à Annecy. Dès que l'étude lui laissait un instant de repos, il l'employait à lire les Pères de l'Eglise et à fortifier son cœur par la méditation des vérités religieuses. Fuyant la société de ses compagnons d'étude dont la dissipation et le goût pour les amusements l'importunaient, il recherchait celle des personnes pieuses, et n'était jamais plus heureux que lorsqu'il en recevait des conseils. Henri de Joyeuse, qui venait de quitter les plus hautes dignités de la cour et le titre de maréchal de France pour se faire capucin, sous le nom de frère Ange, fut un des personnages qu'il fréquenta le plus assidûment. Les entretiens de ce saint homme contribuèrent puissamment à faire entrer le jeune comte dans cette voie de perfection chrétienne où il marcha depuis avec tant d'éclat. Une autre de ses occupations religieuses était d'aller prier dans la petite église de Saint-Étienne-des-Grès (1) , qui , par son éloignement du bruit, lui paraissait la plus convenable au recueillement. C'est dans ce saint lieu que, prosterné aux pieds d'une image

de la Vierge , il consacra tout son être à cette

(1) Cette église était située au coin de la rue qui porte encore son nom et de la rue Saint-Jacques. Elle a été démolie au commencement de la révolution. La statue de la Vierge devant laquelle le jeune François prononça son vœu de chasteté se trouve aujourd'hui dans la petite église des religieuses de Saint-Thomas-de-Villeneuve, à l'entrée de la rue de Sèvres.

Reine du ciel, et la supplia d'empêcher qu'aucun souffle impur ne vînt jamais ternir le blanc lis de sa chasteté.

Mais avant que de permettre à son serviteur de résister aux séductions contre lesquelles il s'était si sagement précautionné, Dieu voulut mettre sa foi à une épreuve qu'il était loin de prévoir. D'épaisses ténèbres se répandirent insensiblement sur son esprit ; la sécheresse et le dégoût s'emparèrent de son cœur. Tout ce qui jusqu'alors avait eu tant d'attrait pour lui, exercices de piété, pratique des bonnes œuvres, méditation, prière, étude, tout l'ennuyait, le fatiguait, le rebutait. Scrupuleux comme le sont toutes les âmes jeunes et ferventes, François se laissa aller à une mélancolie profonde et se persuada qu'il était inévitablement destiné aux supplices éternels des réprouvés. Cette affreuse pensée le jeta dans des terreurs inouïes ; il passait le jour dans des gémissements douloureux, et la nuit il arrosait son lit de ses larmes. Bientôt sa santé s'altéra ; il en vint à ne pouvoir ni manger, ni boire, ni dormir. Son précepteur, le voyant dépérir de jour en jour et craignant pour sa vie, cherchait vainement à pénétrer le sujet de sa tristesse. Toutes ses questions restaient sans réponse. Un mois se passa dans ces cruelles angoisses. Mais Dieu ne permit pas que celui qui s'était donné à lui sans réserve souffrît au delà de ses forces. Un jour que son désespoir était au comble, François se rendit instinctivement dans l'église où il avait prononcé son vœu de chasteté. Là, de nouveau prosterné devant l'image de la Vierge, il pria cette mère de miséricorde d'intercéder pour lui auprès du Seigneur et d'obtenir de sa bonté que, s'il était assez malheureux pour en être séparé éternellement, il pût au moins l'aimer de tout son cœur pendant sa vie. Sa prière était à peine achevée, qu'il lui sembla que sa poitrine était dégagée d'un poids énorme ; peu à peu le trouble de son âme disparut, la lumière remplaça les ténèbres dans son esprit, et il revint chez lui avec un air de joie et de santé qui jeta son excellent précepteur dans une surprise égale au plaisir que lui procurait un changement si subit.

II.

François de Sales étudie le droit à Padoue, et parcourt l'Italie. — Sa vocation pour l'état ecclésiastique.

Quelle que fût à cette époque l'habileté des professeurs de l'Université de France, il existait un préjugé en faveur de l'Italie, par lequel l'éducation d'un étudiant de quelque distinction était réputée incomplète s'il n'avait fréquenté les universités d'au-delà des monts. Le comte de Sales, après avoir laissé son fils à Paris pendant six ans, se décida donc à le rappeler et à l'envoyer étudier le droit à Padoue (1584). Telle était la réputation des professeurs qui enseignaient dans cette ville, que jamais cours ne furent suivis par un nombre aussi considérable d'étudiants ; mais ces jeunes gens accourus de divers pays n'étaient pas tous également honnêtes et studieux : il y en avait, au contraire, beaucoup de dissipés et de débauchés ; si bien qu'on pouvait dire en quelque sorte que Padoue était le centre des vices et de la corruption de l'Europe. François se trouva donc, à l'âge de dix-huit ans, transporté tout à coup dans un monde de séductions, que rendait encore plus dangereux la molle douceur du climat de l'Italie. Mais, vertueux comme il l'était, il sut éviter tous les écueils qui se dressaient devant lui, et sortir triomphant des embûches qu'à plusieurs reprises ses compagnons tendirent à sa candeur, à sa simplicité. Chaque fois que la voix des enivrantes voluptés et des plaisirs décevants se faisait entendre à lui, il la faisait taire aussitôt par la prière, et, quand il sentait sa foi chanceler, il recourait aux conseils du P. Antoine Possevin, auquel il s'était attaché à Padoue comme il s'était attaché précédemment au frère Ange à Paris. Ce pieux et savant jésuite, charmé de la rectitude d'esprit autant que de la pureté des mœurs du jeune étranger, s'était fait son guide spirituel en même temps qu'il lui enseignait la théologie.

Son cours de droit terminé, François se disposait à retourner auprès de sa famille, lorsqu'une lettre de son père vint lui prescrire de parcourir l'Italie, ce berceau de la civilisation antique, pour compléter son instruction. Le jeune comte visita d'abord Ferrare, d'où il se rendit à Rome. Son premier soin, lorsqu'il se vit dans les murs de la métropole du monde chrétien, fut de visiter ses nombreuses églises, de saluer les vestiges de la piété des premiers chrétiens et de se prosterner devant le tombeau des saints apôtres, dont le souvenir l'attendrit jusqu'aux larmes. Les ruines païennes qui se rencontrent à chaque pas dans l'ancienne capitale des Césars furent aussi, pour son esprit grave et réfléchi, un ample sujet de méditation. La vue de ces nobles et intéressants débris ne servit qu'à faire ressortir davantage à ses yeux le néant des grandeurs humaines et à le fortifier dans l'idée de se consacrer exclusivement au service de Dieu. De Rome il alla à Notre-Dame de Lorette visiter la *Santa Casa*, sainte maison où habita Marie, et qui fut micuraleusement transportée en Italie : il renouvela aux pieds de la célèbre Madone son vœu de chasteté. Lorsqu'il eut ainsi parcouru les principales villes de l'Italie, s'arrêtant partout où il y avait un souvenir à interroger, un enseignement à recueillir, François rentra dans sa patrie avec un trésor de connaissances solides, dont sa piété et sa vertu rehaussaient encore le prix. Il avait alors vingt-cinq ans.

Sa famille le reçut avec les démonstrations de la joie la plus vive. Son père, qui voyait poindre en lui la gloire et l'élévation de sa maison, ne tarda pas à former les plus grands projets pour son établissement dans le monde. Après lui avoir obtenu de Charles-Emmanuel Ier, duc de Savoie, les provisions d'une charge de conseiller au sénat de Chambéry, il voulut lui faire épouser mademoiselle de Végy, qui, outre les rares qualités dont elle était pourvue, était encore l'héritière d'un grand nom et d'une grande fortune. Tout autre que François eût accueilli avec enthousiasme et reconnaissance l'offre d'une perspective aussi brillante; mais lui, secrètement retenu par la voix qui lui parlait d'en haut, ne la reçut qu'avec froideur, et bientôt il fit connaître à son père sa résolution bien arrêtée d'embrasser l'état ecclésiastique. Le vieux comte, trompé dans un espoir qui flattait à la fois son ambition et son orgueil, fut vivement contrarié de cette résolution, et refusa long-temps d'y donner son consentement; mais lorsque ses amis lui eurent fait comprendre qu'il était juste que les rares talents que son fils tenait de Dieu fussent consacrés au service de celui de qui ils émanaient, il finit par se rendre. François, au comble de ses vœux, n'attendit plus que le moment d'entrer dans les ordres : il ne se fit pas attendre long-temps.

Depuis soixante ans, c'est-à-dire depuis que les calvinistes avaient chassé l'évêque de Genève de sa ville épiscopale, ce prélat résidait à Annecy et y conservait son titre. A l'époque où se manifesta la vocation du jeune de Sales, la prévôté de cet évêché étant devenue vacante, Louis de Sales, chanoine de la cathédrale et cousin de François, la demanda au pape pour son parent, et l'obtint. Dès qu'il eut reçu sa nomination, le jeune comte se hâta de dire adieu au monde et de se dérober à la tendresse de sa fa-

mille pour aller prendre possession de sa charge.
Il était à peine admis dans les ordres, que Claude
Granier, son oncle, qui occupait alors le siége
de Genève, ou plutôt d'Annecy, lui confia le
ministère de la parole. Les premiers sermons
du jeune prédicateur produisirent une impression profonde. « Effectivement, dit un de ses
biographes (1), il possédait toutes les qualités
requises pour réussir en ce genre ; il avait l'air
grave et modeste, la voix forte et agréable, l'action vive et animée, mais sans faste et sans os-
tentation ; il parlait avec une onction qui faisait
bien voir qu'il donnait aux autres de l'abondance et de la plénitude de son cœur. »

François passa rapidement du diaconat à la
prêtrise (1593). Il reçut cette nouvelle dignité
avec toute la plénitude de l'esprit sacerdotal, et
on put voir dès le début combien il était digne
du sacré ministère. Il se fit un devoir d'offrir
tous les jours le saint sacrifice de la messe, et
jamais il ne lui arriva d'y manquer sans cause
légitime : il regardait ce saint et fréquent usage
comme propre à mûrir sa jeunesse, à apaiser
ses tentations, à fortifier ses faiblesses, et à
éclairer la voie dans laquelle il était entré.
Après la messe, qu'il avait coutume de dire

(1) Godescard.

de très-grand matin, il se rendait au con-
fessionnal pour y entendre indistinctement tous
ceux qui se présentaient. Il était si merveilleu-
sement disposé pour la charité, que, dès qu'il
s'était acquitté de cette tâche pénible, sans s'inquiéter de lui, sans même prendre de nourri-
ture, il allait parcourir la campagne dans le but
d'éclairer cette portion de la grande famille
chrétienne que le défaut d'instruction tient le
plus souvent dans une complète ignorance de
ses devoirs. Loin de se laisser rebuter par la

rudesse de ces pauvres villageois, il s'abais-
sait au contraire jusqu'à eux, leur parlait un

langage approprié à leur faible conception, compatissait à toutes leurs douleurs, à toutes leurs souffrances, et relevait leur courage par ses pieuses exhortations ; en un mot, il vivait au milieu d'eux comme un père au milieu de ses enfants.

III.

Mission dans le Chablais et dans les pays limitrophes. — François triomphe de tous les obstacles, surmonte tous les dangers. — Son dévouement pendant la peste d'Annecy.

Les succès obtenus par François de Sales pendant les premières années de son sacerdoce n'étaient que le prélude de succès plus glorieux encore qui l'attendaient dans une nouvelle carrière, celle de l'apostolat. Mais, pour mieux faire comprendre l'importance de la tâche dont il va se charger, il est nécessaire de jeter un coup d'œil en arrière et d'exposer la situation du pays qu'il se propose de ramener à la foi catholique. Soixante ans environ avant l'époque qui nous occupe, les Genevois, animés de cet esprit insurrectionnel que Martin Luther avait fait naître dans une grande partie de l'Europe, s'étaient révoltés contre leur prince légitime pour se constituer en république. La révolution religieuse avait suivi de près la révolution politique, et, après avoir secoué le pouvoir spirituel du pape, les Genevois avaient fait de leur ville le centre et le foyer du calvinisme. Une fois introduite à Genève, la nouvelle doctrine, prêchée par les ministres Froment et Farel, gagna chaque jour du terrain, et entraîna bientôt les populations du duché de Chablais, des bailliages de Gex, Ternay et Gaillard. Dans ces nouvelles contrées conquises par elle, la réforme produisit ce qu'elle avait déjà produit en Allemagne, et bientôt, dit l'historien de Calvin (1), on put la suivre, comme les soldats de Vitellius, aux traces de désordre qu'elle laissait partout sur son passage.

Long-temps les ducs de Savoie et l'évêque de Genève réfugié à Annecy unirent leurs efforts pour faire cesser les scènes de deuil, de sac et de meurtre auxquelles se livraient les calvinistes; mais ils n'avaient pu encore y parvenir, lorsque Charles-Emmanuel apparut sur la scène politique. Ce prince, doué d'une énergie plus grande que ses prédécesseurs, reprit avec vigueur les hostilités contre Genève, et peu de temps lui suffit pour faire rentrer le Chablais sous son obéissance. Ce résultat était

(1) M. Audin.

à peine obtenu qu'Emmanuel, non moins jaloux d'assurer le triomphe du catholicisme que celui de ses armes, écrivit à l'évêque de Genève pour l'engager à envoyer des missionnaires dans la province reconquise.

A ne juger de l'entreprise qu'avec les yeux de la prudence humaine, le succès en paraissait, sinon impossible, du moins très-douteux. Qui oserait en effet s'aventurer dans un pays hérissé

de montagnes et de précipices, où l'on ne pouvait faire un pas sans s'exposer aux plus grands dangers, et où le fanatisme aveugle des populations gagnées au calvinisme était encore dans toute son effervescence ! Aussi l'évêque de Genève, ayant réuni son clergé, eut-il la douleur de voir ses ecclésiastiques refuser l'un après l'autre la mission qui leur était offerte. L'assemblée allait se séparer sans avoir rien résolu, lorsque François, que la timidité et la modestie avaient jusqu'alors empêché de parler, se leva tout à coup et déclara qu'il acceptait la charge devant laquelle tous reculaient. Cette résolution fut accueillie avec joie par l'évêque et blâmée par les amis du jeune prêtre ; mais elle était si irrévocablement arrêtée dans son esprit, qu'il fut sourd à toutes les représentations. Sa famille ne réussit pas mieux à le détourner d'une entreprise qui présentait tant de difficultés ; il fut insensible même aux prières et aux larmes de sa mère qui habituellement avait tant d'empire sur lui.

Après avoir pris les ordres de son évêque, le nouvel apôtre, plein de confiance en Dieu, partit d'Annecy le 9 septembre 1594 : il était accompagné de son cousin Louis de Sales, qui, jeune comme lui et animé du même zèle apostolique, s'était offert pour partager ses dangers. Arrivés sur les bords de l'Arve, rivière torrentueuse qui sépare la Savoie du Chablais, les deux amis, se rappelant l'humilité des premiers apôtres, renvoyèrent leurs chevaux, et continuèrent leur route à pied. Leur première halte fut au château des Allinges, forteresse située sur un roc es- carpé, où ils furent accueillis par le baron d'Her- nance, qui en était gouverneur. Du haut de cette citadelle, François, promenant ses regards sur la contrée qu'il était appelé à revivifier et où se lisait partout le triomphe de la réforme, fut saisi d'une inexprimable émotion, et s'écria avec un profond soupir : « Oh! non, rien ne saurait m'empêcher d'arracher cette malheureuse terre à l'erreur ! » Le baron d'Hernance crut devoir lui représenter qu'il allait entreprendre une tâ- che bien difficile, et dont sa mort serait inévi- tablement la suite s'il ne prenait pas une escorte. « Les gens auxquels vous allez avoir affaire, lui dit-il avec une franchise toute militaire, n'entendent point raison ; ce n'est que par la force qu'on peut les réduire. Aussi tout ce que vous voyez ici, ajouta-t-il en lui montrant ses soldats et ses canons, est à votre service. Vous n'avez qu'à parler. » François rejeta cette proposition comme inhumaine et comme s'éloi- gnant du but qu'il s'était proposé : la persua- sion et la douceur lui paraissaient suffisantes pour assurer son triomphe.

Il commença sa mission par la ville de Thonon, capitale du Chablais, où le nombre des catholiques était excessivement restreint. A peine eut-il paru dans cette ville, qu'il se vit accablé de menaces, d'injures et de calomnies ; ses actions les plus bienveillantes étaient repoussées avec dégoût, ses paroles les plus simples interprétées avec malveillance. Il ne pouvait mettre le pied dans la rue sans voir aussitôt une troupe d'enfants accourir pour le poursuivre de leurs huées et de leurs clameurs, et lui jeter de la boue au visage. Le saint homme, loin de s'emporter contre ces petites créatures, instruments d'une fureur aveugle, cherchait, au contraire, à les attirer à lui par ses caresses ; et quand parfois il lui arrivait d'en gagner quelques-uns, on ne tardait pas à voir leurs mères venir les arracher de ses bras avec autant d'animosité qu'elles en eussent mis à les retirer des griffes d'une bête fauve. Là ne se bornèrent pas les épreuves qu'il eut à subir. Les huguenots conspirèrent bientôt contre ses jours, et plusieurs fois il n'échappa aux tentatives d'assassinat auxquelles il fut en butte qu'en se cachant dans l'obscurité des forêts, dans les anfractuosités des rochers et jusqu'au fond des glaciers. Mais rien n'était capable d'ébranler sa résolution et de ralentir son zèle. Dès qu'il croyait le

danger passé, il sortait de sa retraite et recom-
mençait ses prédications. L'absence même d'auditeurs ne le décourageait point. Il lui arriva
un jour de prêcher, dans l'église d'un village,
devant sept personnes seulement.

Tant d'efforts et de persévérance eurent enfin
leur récompense. La charité de l'apôtre, le
charme de sa parole, joints à l'humble simplicité dont il donnait l'exemple, finirent par toucher quelques esprits; on s'humanisa peu à peu
à son égard, et bientôt les habitants du Chablais
accoururent en foule à ses sermons. Un grand
nombre, entraînés par sa chaleureuse éloquence,
revinrent même à la croyance de leurs pères,
malgré tous les efforts des ministres protestants
qui ne pouvaient voir sans dépit l'édifice qu'ils
avaient élevé crouler pièce à pièce sous les coups
du prêtre catholique.

Il avait fallu trois ans de travaux et de dangers continuels au zélé missionnaire pour obtenir ce premier résultat ; mais, une fois qu'il
l'eut obtenu, son œuvre marcha vite.

François de Sales, voyant le retour vers
l'ancien culte se manifester de toutes parts, sollicita et obtint du duc de Savoie l'autorisation
de rétablir les curés dans tous les villages d'où
ils avaient été bannis. Ce premier soin rempli,

il voulut aussi que la ville de Thonon possédât son église catholique ; il fit à cet effet rouvrir l'église de Saint - Hippolyte , fermée depuis soixante ans. La croix reparut sur cette église à la fête de Noël de l'année 1597 ; François l'inaugura en y célébrant la messe de minuit et en donnant la communion à plus de huit cents convertis.

Les services rendus à l'Église par François de Sales furent jugés d'une telle importance à Rome, que le pape Clément VIII lui adressa un bref de félicitations dans lequel il l'engageait à achever ce qu'il avait si heureusement commencé en essayant de ramener à l'Eglise catholique les ministres protestants eux-mêmes , entre autres Théodore de Bèze, un des plus fermes piliers de la réforme. Le fameux sectaire résidait à Genève , où il exerçait une influence sans bornes. François, sans s'inquiéter du danger auquel il s'exposait, alla le trouver, et bientôt s'ouvrirent entre eux des discussions théologiques où ils firent assaut de talent et qui attirèrent un concours immense d'auditeurs. Dès la quatrième conférence, Bèze, pressé par les raisons de son adversaire , parut ébranlé et laissa croire un instant qu'il allait revenir à une église dans laquelle il avouait lui-même qu'on pouvait faire son salut. Une cinquième conférence fut indiquée; le prêtre catholique espérait y dissiper les derniers doutes du réformateur. Mais, dans l'intervalle, Bèze se laissa circonvenir par les plus fougueux sectaires de Genève; ceux-ci intéressèrent son amour-propre en lui représentant qu'il allait se déconsidérer aux yeux du parti dont il était le chef, s'il avait la faiblesse de se rétracter. Les conférences furent donc rompues; mais Bèze n'en conçut pas moins la plus profonde estime pour celui qui l'avait combattu avec tant de vigueur. On rapporte même que, lorsque, quelques années plus tard, il sentit sa mort approcher, il manifesta le désir de s'entretenir une dernière fois avec le saint missionnaire. Si ce vœu du réformateur mourant eût été exaucé, il est permis de croire qu'il se fût endormi dans la foi catholique.

Un an après l'inauguration de l'église de Thonon, la religion catholique était redevenue la religion du Chablais et des bailliages de Ternay et de Gaillard. François, voyant alors sa tâche achevée, crut pouvoir retourner auprès de ses parents pour goûter un peu de repos. Son départ contrasta d'une manière bien frappante avec son arrivée. Quand il était entré dans le Chablais, il n'avait rencontré partout que des calvinistes prévenus et intraitables; en s'en allant, il laissait plus de vingt mille catholiques convaincus et fervents : au lieu des menaces et des insultes qui l'avaient accueilli jadis, il emportait les regrets et les bénédictions de tous. Jamais prêtre de vingt-huit ans ne s'était acquis autant de gloire.

Rentré dans sa famille, François ne fut pas longtemps sans s'apercevoir qu'il avait affaibli sa forte constitution. Une maladie grave, résultat de ses longues fatigues, vint inquiéter ceux à qui il était cher. Mais les secours de l'art et la sollicitude maternelle parvinrent à le rappeler à la santé. Il était à peine convalescent quand il apprit que la peste avait éclaté dans la ville d'Annecy. Aussitôt, ne prenant conseil que de son zèle, il s'échappe malgré la défense des médecins, et court où l'appellent la souffrance et le malheur. Supérieur aux impressions de crainte dont le terrible fléau qu'il vient combattre frappe souvent les âmes même les mieux trempées, il se montre avec tant de sérénité au milieu des pestiférés, qu'on dirait que l'ardeur de son dévouement repousse et éloigne de lui la contagion. Sur pied la nuit comme le jour, on le voit tour à tour inspirer aux mala-

des la patience et la soumission à la volonté divine, et les soulager de ses propres mains dans
tous leurs besoins corporels; s'asseoir au che-
vet des mourants pour recevoir leur confession

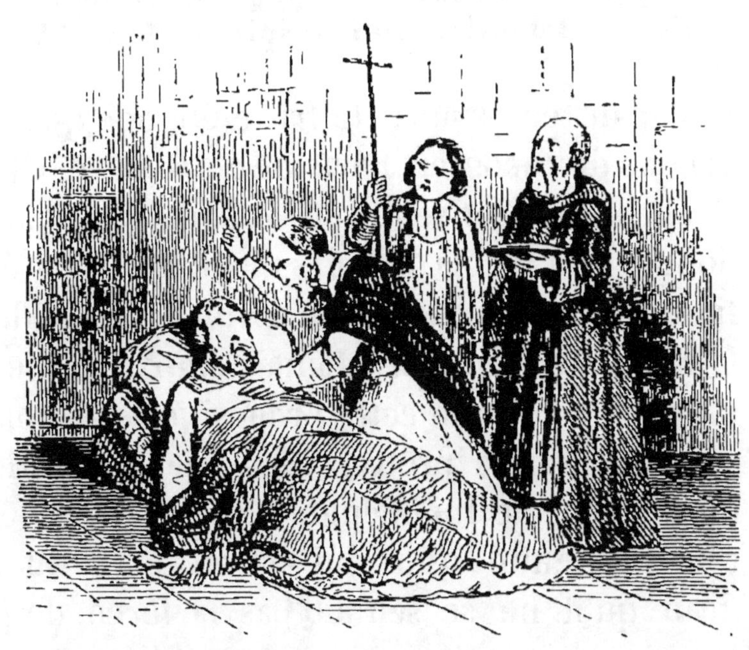

et leur administrer les sacrements; enfin recueillir et ensevelir les morts. Tant que dura le
fléau cette active charité ne se ralentit pas un
instant; François ne quitta Annecy que lorsqu'il n'y eut plus de maux à adoucir, de douleurs à partager ni d'âmes à sauver.

IV.

François de Sales est nommé coadjuteur de l'évêque de Genève. — Voyages à Rome et à Paris. — Affection qu'il inspire à Henri IV.

Peu de temps après le triste épisode que nous venons de raconter, l'évêque de Genève, Claude Granier, sentant ses forces s'affaiblir, et voulant donner à François de Sales un témoignage éclatant de sa reconnaissance lui proposa de le faire son coadjuteur. Jamais embarras ne fut pareil à celui que cette proposition fit éprouver à l'humble prêtre. Plein de modestie et de défiance de lui-même, il déclara à l'évêque que la dignité qu'il lui offrait était un fardeau qu'il ne se sentait pas la force de porter, et le conjura avec larmes d'en disposer en faveur d'un autre plus digne que lui. Il fallut l'intervention du pape et du duc de Savoie pour triompher de ses scrupules et de sa résistance ; encore, en se rendant, ne céda-t-il qu'à la crainte de méconnaître la volonté de Dieu, qui se manifestait par la voix de ses supérieurs. Cette nomination l'obligea d'aller à Rome chercher sa bulle d'investiture. Il y fut reçu avec distinction et bienveillance. Le Saint-Père, pour lui faire honneur, voulut qu'il répondît devant les cardinaux assemblés à plusieurs questions qui avaient trait au ministère dont il allait être chargé. François fut écouté avec un religieux silence, et mérita par la sagesse de ses réponses que le pape, après l'avoir embrassé, lui adressât ces paroles des *Proverbes de Salomon :* « Buvez, mon fils, des eaux de votre citerne, et faites que ces eaux se répandent dans les rues, afin que chacun en boive à souhait. » Avec le titre de coadjuteur de Genève, il reçut aussi celui d'évêque de Miopolis.

D'autres soucis et d'autres obligations attendaient François à son retour. La guerre venait d'éclater entre le roi de France Henri IV et le duc de Savoie (1599). Dans l'armée française servaient plusieurs officiers protestants qui, emportés par l'esprit de secte, traitaient les catholiques avec la plus grande dureté, et renouvelaient à l'égard des églises et des monastères les scènes de sac et de pillage des premiers temps du calvinisme. Avec de semblables auxiliaires, les ministres protestants que François avait vaincus commencèrent bientôt à relever la tête et menacèrent de faire retomber le Chablais sous leur joug. En apprenant le danger que court son œuvre, l'apôtre n'hésite pas. Plein de cette force sur-humaine qu'inspire seule la vraie religion, il entreprend, au milieu des fureurs de la guerre, une nouvelle mission. Dans l'ardeur qui l'emporte, il ne craint pas de pénétrer jusque dans le camp français. On l'arrête comme espion, et, suivant les lois de la guerre, on le conduit au commandant en chef pour s'entendre condamner à être passé par les armes. Le général français était alors le sieur de Vitry, capitaine des gardes du corps. Dès qu'il sait quel est le prisonnier qu'on vient de lui amener, le militaire s'incline devant l'apôtre et le reçoit avec les plus grands honneurs. Après avoir conféré un instant avec lui, il le renvoie en ordonnant qu'on le laisse prêcher librement et qu'on respecte partout les institutions catholiques. Quelques jours après, Henri IV lui-même faisait défense à ses officiers, sous peine de la vie, de renouveler les excès qui avaient signalé l'entrée en campagne.

Après le traité de Lyon, qui mit fin à la guerre entre la France et la Savoie, François se rendit à Paris dans le but d'obtenir de Henri IV l'autorisation de rétablir la foi catholique dans le pays de Gex, qui venait d'être distrait de la maison de Savoie pour être réuni à la

France. Dès qu'on le sut à Paris, chacun désira voir et connaître un homme dont on disait tant de bien. Ce fut surtout à la cour qu'il produisit l'impression la plus grande. Les conférences au sujet du pays de Gex établirent entre Henri IV et lui des relations d'estime et d'affection qui honorent à la fois le prêtre et le monarque. Aussi Henri IV l'invita-t-il à prêcher le carême au Louvre (1602). Le prédicateur s'acquitta de sa tâche sans déguiser ni affaiblir en aucune manière la vérité dont il était l'organe. Sachant qu'il se trouvait des protestants dans son auditoire, il fit un sermon sur la réforme, qu'il attaqua par sa base, en démontrant que les ministres ne pouvaient avoir une autorité légitime, puisqu'ils ne tenaient leur mission que d'une troupe de laïques n'ayant aucun droit à exercer sur la conscience des peuples. L'onction de sa parole, la force de ses arguments ouvrirent les yeux à plusieurs calvinistes, entre autres à la comtesse de Perdrieuville, une des plus ardentes protectrices de la réforme. Cette femme, non moins distinguée par son esprit que par sa naissance, fit abjuration avec toute sa famille. Sa conversion fut suivie de tant d'autres, que le cardinal du Perron, alors évêque d'Evreux, ne put s'empêcher de s'écrier, en apprenant les succès de François de Sales : « Il n'y a point d'hérétique que je ne sois sûr de convaincre ; mais c'est au talent de M. de Genève qu'est réservé l'honneur de les convertir. » Le carême fini, les duchesses de Longueville et de Mercœur, qui connaissaient la modicité des revenus de l'éloquent prédicateur et l'abondance de ses aumônes, crurent devoir lui envoyer une somme d'argent considérable dans une bourse très-riche. François admira le beau travail de cette bourse sans s'inquiéter de son contenu ; puis, l'ayant

rendue au gentilhomme qui la lui avait apportée,

il le pria de remercier les princesses de l'honneur qu'elles lui avaient fait d'assister à ses prédications, et d'avoir contribué par leur exemple à tout le bien qu'elles avaient produit.

Henri IV, qui avait passé le carême à Fontainebleau, n'avait pu suivre les prédications de François de Sales. Quand il sut le talent qu'il avait déployé, l'impression qu'il avait produite, il voulut l'entendre à son tour, et le pria de prêcher devant lui. François le fit avec tant de succès que le monarque, touché de ses discours, déclara à plusieurs reprises qu'il se sentait devenir meilleur en l'écoutant. Henri IV ne se borna pas à assister à ses sermons ; il le consulta aussi sur les affaires de sa conscience. Il voulut même l'attacher à la France, et lui fit offrir, comme témoignage de son affection, le premier évêché vacant avec une pension de trois mille livres. François refusa l'un et l'autre, et laissa le monarque plein d'admiration pour un si grand désintéressement.

V.

Élévation de François de Sales à l'épiscopat. — Réforme des monastères. — Sa charité envers les habitants de plusieurs villages qu'il arrache à une mort certaine.

François quitta la capitale de la France,

laissant la cour et la ville pleines d'estime et
de vénération pour sa personne. Il cheminait
à petites journées, lorsqu'il rencontra un cour-
rier qui lui apportait la nouvelle de la mort de
Claude Granier, son évêque, et par consé-
quent celle de son élévation à l'épiscopat (septembre 1602). Troublé par l'annonce de ce
changement subit de situation, comme il l'avait
été chaque fois qu'il s'était agi pour lui d'avan-
cement, il alla se retirer au château de Sales
pour retremper son âme dans la méditation et
se préparer par la pénitence aux graves fonctions qui l'attendaient. Ce fut pendant cette retraite qu'il régla le plan de vie qu'il se proposait
de suivre et qui est trop édifiant pour que
nous négligions d'en rapporter les principales
dispositions. Ne voulant en rien déroger aux
habitudes de simplicité qu'il avait contractées,
il promit à Dieu de ne jamais porter d'étoffes
éclatantes, mais d'être toujours vêtu de laine
comme avant son épiscopat; de bannir de sa
maison la magnificence des meubles, et de sa
table la délicatesse des mets; de n'avoir ni li-
tière ni carrosse, et de faire toujours à pied la
visite de son diocèse. Il réduisit son domestique
à deux ecclésiastiques, l'un destiné à lui servir
d'aumônier, l'autre à prendre soin de son tem-

porel et des gens qui seraient attachés à son service. Il s'engagea à assister à toutes les fêtes de dévotion qui se célébreraient dans la ville, à éviter tout ce qui pourrait distraire son esprit de la pensée de Dieu et du service des pauvres, à se lever tous les jours à quatre heures du matin, à jeûner tous les vendredis et samedis, ainsi que les veilles des fêtes de la sainte Vierge, et à ne jamais s'absenter de son diocèse sans un motif puissant et toujours puisé dans l'intérêt de l'Eglise et du prochain. Ainsi préparé à la carrière sur laquelle ses vertus allaient jeter tant d'éclat, François reçut la consécration épiscopale le 8 décembre 1602, des mains de Vespasien Grimaldi, archevêque de Vienne. Cette imposante cérémonie, célébrée dans la petite église de Thorens, fut honorée de la présence de tout le clergé et de toute la noblesse des environs, qui, huit jours après, accompagnèrent aussi le saint pasteur à son entrée dans Annecy.

Un des premiers actes de la vie épiscopale de François fut le rétablissement de la religion catholique dans le pays de Gex : il partit, accompagné de quelques ecclésiastiques dévoués et recommença ses prédications. A Gex comme dans le Chablais, il rencontra les résistances les plus opiniâtres et courut les plus grands dangers. Mais ses discours, et encore plus ses exemples, le firent triompher de tous les obstacles. Quelques mois s'étaient à peine écoulés, que les populations accouraient en foule auprès de lui pour abjurer la réforme.

François s'occupa ensuite avec non moins d'ardeur de la réformaion des monastères soumis à sa juridiction épiscopale, et dans la plupart desquels s'étaient introduits l'oubli de la règle et le relâchement de la foi. Partout sa parole pleine d'onction, son indulgence lui rendirent sa tâche facile ; une seule maison lui opposa de la résistance : ce fut l'abbaye de Sixt, située dans une des vallées du Faucigny. Les religieux de cette abbaye, impatients de la discipline qu'on voulait leur imposer et prétextant qu'ils dépendaient uniquement du saint-siége, déclarèrent que l'évêque n'avait rien à voir dans leur intérieur, et appelèrent de ses décisions devant le sénat de Chambéry. Dans cette circonstance, François déploya une fermeté dont l'excessive douceur de son caractère ne l'eût pas fait soupçonner capable. Après avoir fait débouter les religieux de leurs prétentions, il se rendit de nouveau à Sixt, et, reconnaissant qu'il n'obtiendrait rien par la persuasion, il ordonna aux

moines récalcitrants d'avoir à quitter immédia-
tement l'abbaye et les remplaça par des hommes
d'une piété éprouvée. Cet acte de vigueur lui
réussit : l'ordre et la discipline rentrèrent dans
l'abbaye.

Tandis que François accomplissait cette entreprise difficile, une horrible catastrophe survenue
dans le pays même où il se trouvait réclama de
nouveau les effets de sa charité et de son dévouement. La rapidité des eaux, qui, pendant un
orage épouvantable, s'étaient précipitées comme
un torrent, avait détaché plusieurs rochers des
montagnes, et ces rochers, roulant avec impé-
tuosité jusqu'au fond des vallées, avaient écrasé
sous leur masse les maisons de plusieurs villages, fait périr une partie des hommes et des
bestiaux, et enseveli l'autre dans les espaces
laissés entre les rochers amoncelés. Quoique
les chemins fussent impraticables, le charitable
pasteur n'eut pas plutôt appris cette désolation
d'une partie de son troupeau, qu'il partit, en-
traînant à sa suite tous les villageois qu'il rencontra sur sa route pour concourir avec lui à
la délivrance de leurs frères. Arrivé sur le lieu
du désastre, son premier soin fut de retirer, au
péril même de ses jours, les malheureux de
l'horrible prison où ils n'attendaient plus que la

mort ; puis, quand il y fut parvenu, il mêla ses larmes aux leurs, et leur prodigua toutes les consolations, tous les secours dont ils avaient besoin. Afin de les mettre promptement à même de se relever du malheur qui venait de les frapper si cruellement, il ne se borna pas à leur distribuer toutes-les ressources pécuniaires dont il put disposer ; il obtint encore pour eux du duc de Savoie l'exemption de toute taxe pendant vingt ans.

VI.

François de Sales vient prêcher à Dijon. — Origine de sa liaison avec madame de Chantal. — Il visite son diocèse. — Son affection pour tous les malheureux.

Les relations d'estime et d'amitié qui s'étaient établies entre François de Sales et les représentants du pouvoir civil dans certaines contrées dépendant autrefois de la maison de Savoie, et réunies à la France depuis le traité de Lyon, avaient popularisé au loin son caractère et ses vertus. Partout on n'avait qu'un désir : c'était de le voir et de jouir de sa sublime éloquence. Par suite de ce désir, les membres du parlement de Dijon, après s'être assurés de l'assentiment du duc de Savoie, invitèrent, en 1604, le saint prélat à venir prêcher le carême dans leur ville. Son apparition dans la capitale de la Bourgogne fut regardée comme un événement extraordinaire. Tous, depuis les sommités de la société jusqu'au menu peuple, se disputèrent l'honneur de l'entendre. Chaque fois qu'il prêchait, une foule immense se pressait autour de la chaire d'où descendait sa parole sublime, et ses sermons n'impressionnaient pas moins les protestants que les catholiques. Au milieu de ces auditeurs attentifs, une femme se faisait remarquer par son assiduité et son recueillement : c'était la baronne de Chantal (1), une des plus grandes servantes de Dieu sur la terre, et dès long-temps éprouvée par le malheur au sein même de la condition la plus brillante. Son maintien modeste frappa François de Sales ; il voulut connaître celle qui écoutait la parole de vérité avec tant d'attention, et dès lors com-

(1) Jeanne-Françoise Frémiot, baronne de Chantal, l'amie de François de Sales, la fondatrice de l'ordre de la Visitation, naquit à Dijon le 23 janvier 1572. Devenue veuve à l'âge de 28 ans, elle renonça à la société et se consacra à la prière et à la charité. Après avoir édifié le monde par la piété et la chasteté de sa vie, par la dignité chrétienne de sa conduite, elle mourut à Moulins, le 13 décembre 1641, à l'âge de 69 ans. Béatifiée par Benoît XIV en 1751, elle fut canonisée en 1767 par Clément XIII. Son fils, Celse-Bénigne de Chantal, fut le père de madame de Sévigné.

mença entre ces deux âmes d'élite l'union la plus sainte qui se soit vue, union que le ciel semblait avoir préparée et que la mort même ne put rompre. Quand le carême fut fini, le corps de ville de Dijon, voulant témoigner sa reconnaissance au prélat, lui offrit un riche présent; mais toutes les instances faites pour le déterminer à l'accepter furent inutiles.

De retour à Annecy, François commença la visite pastorale de son diocèse. Deux causes surtout rendaient cette tâche excessivement pénible : la première, c'était la difficulté des chemins, qui, à peine tracés à travers les rochers et les montagnes, et souvent couverts de neige et de glace, n'étaient pas même praticables pour les piétons; la seconde, le caractère sauvage des populations, qui, sans aucun contact avec la civilisation, vivaient dans l'ignorance et l'abrutissement le plus complet. Toutes ces difficultés ne servirent qu'à enflammer le courage du zélé pasteur. Il n'y eut lieu si inaccessible où il ne pénétrât ; d'homme si grossier qu'il n'adoucît et qu'il ne laissât instruit des principales vérités nécessaires au salut. Loin de se laisser rebuter par les fatigues, il les supportait au contraire avec gaieté. Un jour, entre autres, parcourant des montagnes du plus diffi-

cile accès, ses pieds se trouvèrent si horrible-
ment écorchés et ensanglantés, qu'il lui fallut

suspendre ses excursions pendant une semaine.
Un autre se fût laissé vaincre par cette douleur
physique; François n'y fit aucune attention et
continua sa visite dès qu'il put se soutenir. La
satisfaction que lui causait la docilité des peuples qu'il enseignait lui faisait oublier toutes
ses souffrances.

La visite du prélat, interrompue à plusieurs
reprises, ne dura pas moins de deux années.
En 1607, il la poussa jusque dans la partie la
plus reculée de son diocèse, celle qui avoisinait

la Suisse, et où le climat était encore plus âpre, les montagnes plus escarpées, les glaciers plus épouvantables. Là, comme ailleurs, le saint évêque s'acquitta de ses devoirs avec une ardeur que semblait encore augmenter l'aspect de la nature sauvage au milieu de laquelle il se trouvait; il ne s'en retourna qu'après avoir vaincu la réforme et rétabli les curés dans trente-trois paroisses.

Nous ferions un volume si nous voulions rapporter ici tous les actes de charité accomplis par le prélat pendant ses pieuses pérégrinations. Partout où il passait, il s'établissait aussitôt entre lui et les populations une naïve et touchante confiance. Il s'attachait surtout à prêcher dans les villages plutôt que dans les villes, où sa modestie et son humilité avaient trop à souffrir des applaudissements bruyants que ne manquait jamais de provoquer son éloquence. D'ailleurs, il avait une affection toute particulière pour les pauvres. Tous ceux qu'il rencontrait sur sa route étaient l'objet de ses libéralités, et il lui arriva plus d'une fois de se dépouiller de quelque partie de ses vêtements pour recouvrir la nudité des plus nécessiteux. A Annecy, son palais épiscopal était pour ainsi dire transformé en hôtellerie, où il hébergeait tous ceux qui imploraient sa pitié. Ses aumônes étaient si abondantes, que, quand les ressources ordinaires venaient à lui manquer, il n'hésitait pas à vendre ses meubles et jusqu'aux ornements de sa chapelle. Une telle facilité à donner était peu du goût de son intendant, qui, se trouvant le plus souvent sans argent pour subvenir aux dépenses de la maison, le querellait, et menaçait même quelquefois de le quitter. « Vous avez raison de me quereller, lui répondait alors le prélat avec une naïveté admirable ; je suis un incorrigible, et, qui pis est, je crains bien de l'être toujours. » Une autre fois, il répondit aux reproches de ce même intendant en lui montrant un crucifix et en s'écriant : « Est-il possible de refuser quelque chose à un Dieu qui s'est mis dans cet état pour nous ! »

VII.

Fondation de l'ordre de la Visitation. — François se donne un coadjuteur. — Il fait un nouveau voyage en France.

L'année 1610 fut pour François de Sales une année d'affliction et de deuil. Presqu'au même moment où il apprit la mort cruelle de Henri IV, à qui il était sincèrement attaché, il vit expirer dans ses bras sa mère, qu'il avait toujours si tendrement aimée. Une lettre adressée à madame de Chantal, dans cette funèbre circonstance, nous révèle toute la douleur qu'il éprouva de cet événement, et sa soumission aux ordres de la Providence. La digne mère du prélat occupait la première place dans son cœur et dans ses prières. Quand elle fut morte, cette place fut acquise à celle qu'il honorait depuis huit ans de ses conseils spirituels et de son amitié. C'est alors que, de concert avec cette femme éminente, il songea à réaliser une pensée qu'il nourrissait depuis long-temps dans son esprit, celle d'une nouvelle congrégation de femmes. Son but était, par cette création, de ménager une retraite aux personnes qui, à cause de leur âge avancé, de leurs infirmités, de leur tempérament délicat, ne pouvaient être admises dans les autres monastères. Homme de prière et d'action tout à la fois, non moins préoccupé de l'amour du prochain que du salut des âmes, il voulut que la maison religieuse qu'il allait fonder eût pour base les deux grandes maximes qui étaient l'expression fidèle de son caractère : retraite et méditation au pied des autels, visite et soulagement des pauvres et des malades ; et, comme il était convaincu que les austérités exagérées ne servaient qu'à détruire le corps sans assujettir l'esprit, que la mortification de la volonté était la plus efficace, la plus agréable à Dieu, il adopta pour sa fondation la règle de saint Augustin comme étant la moins rigoureuse et la plus facile à suivre.

Madame de Chantal le seconda dans ses vues avec tant de dévouement qu'elle n'hésita pas à quitter sa famille et son pays pour se rendre à l'appel du prélat, et, afin de donner l'exemple aux autres, elle n'attendit pas que les ressources pécuniaires indispensables à l'achèvement de l'entreprise fussent complètes pour commencer sa vie cénobitique. A peine arrivée à Annecy, elle consentit à s'établir, avec deux compagnes seulement, dans une pétite maison achetée des deniers de l'évêque. Telle fut l'origine de l'ordre de la Visitation, « que la Providence, pour nous servir des expressions de François de Sales lui-même, forma, comme l'univers, de rien du tout. » Une origine aussi modeste n'empêcha pas l'institut naissant de prospérer et de briller dans la suite du plus vif éclat. Paul V l'approuva et l'érigea en ordre religieux sous le titre de *Congrégation de la Visitation de Sainte-Marie*. La cérémonie d'installation eut lieu le 6 juin de l'année 1610.

Le surcroît de soins qu'exigeait de la part du prélat l'établissement qu'il venait de fonder, joint aux fatigues qu'il soutenait sans relâche pour le bien de son troupeau, affaiblit peu à peu sa santé. Craignant de ne pouvoir suffire à tout, il se détermina à demander un coadjuteur. De l'avis du cardinal Frédéric Borromée, archevêque de Milan, son choix se fixa sur Jean-François de Sales, son frère, qui fut sacré évêque de Calcédoine à Turin en 1618. Toutefois cette adjonction ne l'empêcha pas de continuer l'exercice de ses fonctions pastorales. Ses vertus, son talent, ses bonnes œuvres, l'avaient mis en grand crédit à la cour de Savoie ; ce fut pour lui l'origine d'une distinction à laquelle il ne put se dérober, malgré ses instances. Le duc Emmanuel, désirant mettre un terme aux différends qui depuis longtemps divisaient la France et la Savoie, avait resolu le mariage du duc de Piémont, son fils, avec Christine de France, sœur de Louis XIII. Afin de procurer à l'ambassade qu'il envoyait à Paris pour négocier cette importante affaire tout l'éclat possible, le prince ne se borna pas à faire partir le cardinal de Savoie, son fils puîné ; il lui adjoignit l'homme qui faisait la gloire de ses états. L'évêque de

Genève eut ordre d'accompagner le cardinal à la cour de France, et il obéit (1619).

Il ne fut pas plutôt arrivé à Paris, qu'il devint l'objet de l'empressement général comme il l'avait été vingt ans auparavant. Ceux qui étaient déjà ses amis et ceux qui aspiraient à le devenir accouraient en foule pour le visiter. Le saint évêque, ne s'appartenant pas à lui-même, accueillait tout le monde, faisait droit à toutes les demandes. Son zèle allait si loin qu'invité à prêcher le carême dans l'église Saint-André-des-Arts, il lui arriva souvent de monter en chaire deux fois par jour. Un de ses amis lui ayant, à cette occasion, représenté qu'il devait ménager un peu plus sa santé : « Sachez donc, lui répondit-il en souriant, qu'il m'en coûte moins de prononcer un sermon que de trouver des excuses pour m'en dispenser ; d'ailleurs, ajouta-t-il, j'ai été établi pasteur et prédicateur : ne faut-il pas que chacun exerce sa profession ! »

Le mariage du prince de Piémont avec Christine de France ayant été conclu, la princesse, toute jeune qu'elle était, montra pour l'évêque de Genève une telle déférence et une telle vénération qu'elle le choisit pour son premier aumônier. François accepta cet honneur, mais à deux conditions : l'une, qu'il ne quitterait point son diocèse ; l'autre, que quand il n'exercerait point sa charge, il n'en toucherait pas le revenu. Christine, comme pour lui donner l'investiture de sa nouvelle dignité, lui fit présent d'une bague enrichie d'un diamant de très-grand prix, qu'elle lui recommanda de conserver pour l'amour d'elle : « Madame, lui dit l'évêque, je vous le promets tant que mes pauvres n'en auront pas besoin. — En ce cas, répondit la princesse, contentez-vous de l'engager, et je le dégagerai. — Madame, répliqua

le prélat, je craindrais que cela ne se renouvelât trop souvent et que je n'abusasse enfin de votre bonté. »

La princesse, l'ayant revu depuis à Turin, n'eut rien de plus pressé que de s'assurer s'il possédait encore le diamant, et, lorsqu'elle le vit absent de son doigt, elle comprit tout de suite ce qu'il était devenu ; elle lui en donna alors un autre d'un plus grand prix encore, en le priant d'y tenir davantage qu'au premier : « Madame, lui dit le prélat, c'est une chose que je ne saurais promettre ; je ne me pardonnerais jamais de garder pour moi seul un objet dont la valeur pourrait soulager plusieurs familles malheureuses. »

Lors du premier voyage de François de Sales, Henri IV, comme nous l'avons vu, avait fait tous ses efforts pour le retenir en France. La seconde fois, ce projet fut repris par le cardinal de Retz, Henri de Gondi, qui, séduit par la douceur de ses mœurs, le charme de sa conversation, eut la pensée de le faire son coadjuteur. Ne croyant pas trouver de résistance en lui, il parla de son dessein à Louis XIII, qui l'approuva ; mais François sut, avec une adresse merveilleuse, refuser l'offre qu'on lui faisait. Il allégua, entre autres excuses, qu'il ne croyait pas pouvoir quitter l'épouse que Dieu lui avait donnée, faisant allusion à son évêché de Genève; que ce serait quitter une femme pauvre pour une femme riche, et qu'une telle conduite serait contraire à la morale de l'Évangile. « D'ailleurs, ajouta-t-il, ayant donné toutes mes affections à mon église, je ne saurais plus en concevoir pour une autre. » Ce refus, basé sur des scrupules aussi honorables, laissa le prélat français dans l'étonnement et l'admiration.

Pendant son séjour à Paris, François ne perdait pas de vue ses chères filles de la Visitation. Convaincu que leur vertu et leur piété seraient du plus salutaire exemple au milieu des vices et de la corruption de la moderne Babylone, il manda près de lui la mère de Chantal pour fonder un monastère de son ordre. La sainte femme, docile à l'appel de son supérieur, s'empressa d'accourir, et, après bien des épreuves, bien des résistances, parvint à ouvrir une maison dans la rue Saint-Antoine. Vers le même temps, François se liait d'amitié avec un homme dont l'âme était également remplie de l'amour de Dieu et de la charité envers ses frères, avec Vincent de Paul, général des Pères de la Mission. Ces deux hommes, dignes de se connaître et de s'apprécier, avaient ensemble de fréquents entretiens, et toujours la conversation roulait sur le bien à faire, sur les misè-res à soulager. Le nouvel ami de l'évêque de Genève devint aussi l'ami de la mère de Chantal, et Vincent de Paul conçut pour cette femme an-gélique une si haute estime que, quand elle fut obligée de quitter Paris pour aller remplir ailleurs sa sainte mission, il se chargea, à sa prière, de la direction du monastère qu'elle laissait dans la capitale et voulut bien en être le directeur spirituel (1).

VIII.

Mort de François de Sales. — Sa canonisation.

De retour à Annecy, le saint évêque reprit avec une nouvelle ardeur le cours de ses bon-nes œuvres et de ses occupations pastorales. Le travail et l'activité étaient tellement passés chez lui en habitude, qu'il lui fallait de graves mo-tifs pour qu'il ne s'y livrât pas. Les quelques instants que lui laissaient son zèle pour les mal-heureux et l'exercice de son ministère, il les employait à écrire, à composer ces admirables ouvrages qui lui ont acquis une si grande ré-

(1) Le couvent de la Visitation était rue Saint-Antoine, auprès de la Bastille. Son église sert aujourd'hui de tem-ple aux protestants.

putation (1). Tant de travaux de toute espèce portèrent atteinte à sa constitution ; le saint le sentit à l'affaiblissement graduel de ses forces Content de s'être donné un coadjuteur capable de le remplacer au besoin, il conçut le projet de remettre la direction de son diocèse à son frère et de finir ses jours dans le repos et la solitude. Il ordonna à cet effet la construction d'un ermitage dans un des sites les plus agréables des bords du lac d'Annecy ; il fit aussi restaurer une ancienne chapelle qui se trouvait proche de ce lieu, et bâtir cinq ou six cellules fermées d'un très-bel enclos et destinées à recevoir quelques ecclésiastiques avec lesquels il se proposait de vivre. Encore quelques mois, et il allait se confiner dans cette espèce de Thébaïde ; mais Dieu lui préparait un autre repos.

Vers la fin de l'année 1622, Louis XIII, vainqueur des huguenots du Languedoc, voulut, avant de revenir à Paris, visiter les principales villes du midi de la France. Charles-Emmanuel ayant appris que le monarque français passerait par Avignon, envoya le cardinal de Savoie, son fils, pour le saluer et le féliciter.

(1) Les ouvrages les plus remarquables du saint prélat sont l'*Introduction à la vie dévote* et le *Traité de l'amour de Dieu*.

François de Sales fut choisi par le prélat pour l'accompagner dans ce nouveau voyage. Quoique le saint fût alors très-souffrant, son devoir l'emporta sur toute considération personnelle : il obéit; mais, dominé par le pressentiment d'une mort prochaine, il fit son testament. Quand on sut parmi le peuple dans quelle disposition d'esprit il se mettait en route, la consternation fut générale. La crainte de le perdre était si grande, qu'il ne pouvait plus sortir sans être environné d'une foule nombreuse qui voulait le voir encore et recevoir sa bénédiction. Le jour de son départ d'Annecy, il alla dire la messe à l'église de la Visitation. Ses adieux aux religieuses furent des plus touchants : « Mes chères filles, leur dit-il en les quittant, si Dieu ne veut pas que nous nous revoyions dans ce monde, ce sera dans le paradis. »

Il arriva à Avignon un jour avant Louis XIII. L'entrée du prince dans cette ville fut un véritable triomphe. François ne voulut pas s'associer à une pompe mondaine, que ses principes lui faisaient regarder comme une insulte au parti vaincu; il aima mieux passer en prières tout le temps que dura la cérémonie. Présenté au roi et à la reine-mère, il en reçut l'accueil le plus flatteur. Après être resté quelques jours à Avignon, la cour de France se rendit à Lyon, et le prélat fut obligé de l'y suivre. Comme on était au mois de décembre, il souffrit beaucoup du froid. Cependant, tout fatigué et tout épuisé qu'il était à son arrivée à Lyon, il ne voulut accepter aucune des maisons commodes qui furent mises à sa disposition par les notabilités de la ville; il aima mieux loger chez le jardinier du monastère de la Visitation, tant étaient grands son humilité et son éloignement pour les distinctions.

La veille de Noël, la reine-mère le chargea

d'aller en son nom planter la croix de l'église

des Récollets, et à cette occasion il fit un sermon où toute la cour assista.

Le lendemain, le prince et la princesse de
Piémont se confessèrent à lui; et il leur donna
la communion à la messe qu'il célébra. Dans
la journée il donna l'habit à deux postulantes
dans le monastère de la Visitation; et, en en-
tendant les paroles tout à la fois éloquentes et
énergiques qu'il leur adressa, chacun était loin
de prévoir la triste catastrophe qui se préparait.
Le matin du jour suivant, en se lavant le front,
il sentit un grand affaiblissement dans sa vue.
Il rassembla cependant tout ce qui lui restait
de force pour dire la messe, et crut un moment
qu'il lui serait possible de partir dans l'après-
midi pour Annecy; mais, après la messe, son
état empira tellement, qu'il fut obligé de prendre le lit. Quelques heures après, il tomba
dans une espèce de léthargie, de laquelle il ne
sortit plus que par intervalles à la voix de ceux
qui lui parlaient de Dieu. Sa présence d'esprit
ne l'abandonna pas un seul instant; il la conserva même pour consoler ses serviteurs, qu'il
voyait fondre en larmes autour de lui. « Pour-
quoi pleurer? leur disait-il; il faut au contraire
louer Dieu quand une âme entre dans ce monde
et quand elle en sort! » Comme il était tou-

jours en pleine connaissance, il demanda l'extrême-onction et elle lui fut administrée. Enfin survint une crise si violente, que les remèdes les plus énergiques furent sans effet; ses membres étaient déjà frappés d'insensibilité. Quelques secondes après, tout était consommé. Celui qui, dès sa jeunesse, n'avait cessé de se consacrer au service du Seigneur, et d'obéir à sa loi, était allé rejoindre son divin maître. François de Sales expira le 28 décembre 1622, dans la 56e année de son âge et la 22e de son épiscopat. C'était précisément l'année où Vincent de Paul, son ami, se chargeait des chaînes d'un galérien à Marseille.

Peu de temps après qu'il eut rendu le dernier soupir, on fit l'ouverture de son corps pour l'embaumer. Il fut ensuite revêtu de ses habits pontificaux et exposé à la vue du public. L'affluence des personnes de toute condition qui vinrent s'agenouiller devant ces restes vénérés, et y faire toucher des chapelets, des livres de prières et autres objets de dévotion, fut si grande, que ce ne fut qu'avec beaucoup de peine qu'on put l'enlever pour le porter dans l'église des religieuses de la Visitation. Il y fut mis sur un lit de parade où il resta pendant deux jours, et ensuite dans un cercueil pour être transporté à Annecy.

Lorsque les habitants de Lyon apprirent que le corps de celui qu'ils honoraient déjà à l'égal d'un saint ne devait pas leur rester, leurs regrets éclatèrent d'une manière tellement significative, que l'intendant de la province crut devoir provisoirement s'opposer au départ des précieux restes. Mais le duc de Savoie, qui ne voulait pas que ses états fussent privés de la dépouille mortelle d'un homme qui en avait été l'ornement, adressa ses réclamations au roi de France en lui envoyant une copie du testament où, par une disposition précise, l'illustre défunt avait choisi sa chère petite ville d'Annecy pour le lieu de sa sépulture. Louis XIII, par déférence pour les dernières volontés du prélat, donna l'ordre de laisser partir le corps; mais pour que la ville où il avait rendu le dernier soupir conservât de lui un souvenir, il ordonna que son cœur fût enfermé dans une boîte de plomb et déposé dans l'église de la Visitation de Bellecour.

Quand le char funèbre partit de Lyon, il fut conduit par le vicaire-général, à la tête du clergé, assez loin hors de la ville. Sur toute la route, les habitants des villes et des campagnes accoururent pour lui faire cortége et l'accompagner de paroisse en paroisse. Arrivé à Annecy, il fut reçu, au milieu des larmes et des gémissements de la population entière, par le frère du prélat, autrefois son coadjuteur. Les obsèques eurent lieu dans la cathédrale. Le coadjuteur, après avoir célébré la messe, conduisit solennellement le corps à l'église du monastère de la Visitation, où il fut inhumé dans une chapelle, à côté du grand autel.

La haute piété de François de Sales, ses vertus évangéliques avaient produit une si vive et si profonde impression dans le monde chrétien que, dès qu'il fut mort, la voix publique le proclama saint et sollicita sa béatification. Mais c'était à la mère de Chantal, à celle au service de qui il avait mis la plus grande partie des facultés de son intelligence, qu'il appartenait d'employer ses soins et ses forces à faire décerner à la mémoire de son ami les honneurs qui lui étaient dus. Après un premier tribut payé à la douleur, douleur calme et résignée comme celle de toutes les âmes fortes, la sainte femme ne se donna pas de repos qu'elle n'eût vu le front de son directeur couronné de l'auréole des bienheureux. Afin de réussir plus sûrement dans son entreprise, elle s'occupa de recueillir et faire imprimer tout ce qu'elle put des écrits et des paroles du prélat, provoqua une enquête sur sa vie et ses actions, et, ces préliminaires accomplis, un prêtre défrayé par elle alla à Rome suivre l'expédition des lettres et commissions apostoliques nécessaires au procès de l'information.

Tant d'efforts eurent le succès qu'ils méritaient. Dès l'année 1625, une assemblée générale du clergé de France, dans une bulle adressée au pape Urbain VIII, demanda officiellement la béatification de l'évêque de Genève.

Cette demande, réitérée sous Innocent **X** et Alexandre **VII**, fut enfin accordée par ce dernier en 1661. Le corps du saint fut alors solennellement retiré de son tombeau et placé sur le grand autel de l'église des religieuses de la Visitation, dans une belle châsse d'argent. Trois ans après, le même pape, dans un consistoire auquel assistaient tous les patriarches, archevêques et évêques alors présents à Rome, prononça définitivement la canonisation de François de Sales, et fixa sa fête au 29 janvier, jour auquel son corps était arrivé de Lyon à Annecy.

Quand, en 1641, l'âme de madame de Chantal eut été rejoindre celle de son ami dans le ciel, son corps fut placé dans l'église de la Visitation d'Annecy, à côté de celui du bienheureux, afin qu'après la mort ils fussent unis comme ils l'avaient été pendant la vie. Depuis plus de cent cinquante ans, ces restes précieux étaient l'objet de la vénération des fidèles lorsqu'à la fin du siècle dernier la révolution française pénétra dans Annecy. Les religieuses de la Visitation, faibles et timides colombes, durent alors fuir à la hâte, laissant leur monastère exposé à tous les excès, à toutes les profanations qui s'exerçaient sur les maisons religieuses dans ces temps de vertige et de déchaînement populaires. C'en était fait des reliques de leurs pieux fondateurs sans le zèle et le courage de quatre citoyens recommandables d'Annecy, qui, pendant la nuit, enlevèrent ces deux corps et leur en substituèrent deux autres qu'ils avaient exhumés du caveau du monastère de Sainte - Claire. Les véritables corps, transportés dans la demeure de l'un d'eux, y restèrent cachés pendant tout le temps que la religion fut proscrite en France. Mais, en 1804, ils furent retirés de leur cachette par les soins de l'évêque de Chambéry et de Genève, qui en constata l'authenticité. Ils restèrent exposés, celui de saint François dans la cathédrale d'Annecy, celui de madame de Chantal dans l'église paroissiale de Saint-Maurice, jusqu'en 1826, époque où l'ancien couvent de la Visitation ayant été rebâti par la munificence de la reine de Sardaigne, ils furent de nouveau réunis. Leur translation se fit avec pompe et solennité. Le roi et la reine de Sardaigne, neuf archevêques et évêques, toute la famille de Sales et plus de cinq cents ecclésiastiques l'honorèrent de leur présence. Depuis lors ces précieuses reliques reposent en paix dans l'église même où elles avaient été primitivement réunies, et le tombeau qui les renferme est un but constant de dévot pèlerinage pour les fidèles qui ont des grâces à demander à Dieu.

FIN.